LOST & FOUND AGAIN

This page is intentionally left blank.

LOST & FOUND AGAIN

Celina Camacho Mayo

LOST & FOUND AGAIN
Celina Camacho Mayo

Copyright© Celina Camacho Mayo 2024
All rights reserved. No part of this book may be reproduced, stored in a retrieval system, or transmitted in any form or by any means, electronic, mechanical, photocopying, recording, scanning, or otherwise, without the prior written permission of the author, except as permitted by the Copyright Act of 2024.
This book is a work of fiction. The names, characters, places, and incidents are either products of the author's imagination or used fictitiously. Any resemblance to actual events, locales, or persons, living or dead, is entirely coincidental.

For permission requests, contact the author at camachocelina44@gmail.com

LOST & FOUND AGAIN
Independently Published by Celina Camacho Mayo
Edition & Design by Cindy Pantoja
ISBN-13: 9798332445231 (Print)
First Edition 2024
Poetry / Women Authors
English

LOST & FOUND AGAIN

CELINA CAMACHO MAYO

Contents

Preface 11

Poems 13

    Lump in throat Anti-ode 15

    Truth or Not 17

    I Remember 19

    Smell Of Rain 21

    O Sweet Life 23

    Confusion 25

    First Death 27

    Letter to Lost from Found Again 29

Spanish Version 33

Prefacio 41

Poemas 43

Nudo en la Garganta Anti-oda 45

Verdad o No 47

Recuerdo 49

Olor a Lluvia 51

Oh, Dulce Vida 53

Confusión 55

Primera Muerte 57

Carta al Perdido de Parte de la Encontrada 59

To my Nina and Mom

Preface

    I never would have thought I could write a poem, to be honest. I always considered myself a good writer when it came to essays, especially those with context and evidence, like analyzing a book for class. However, the idea of freewriting a poem seemed crazy to me because I never saw myself as a very expressive person with words. Nevertheless, I took a poetry class in college that I initially found uninteresting because it wasn't something I found amusing or entertaining.
    Slowly, though, I immersed myself in the class and learned what it truly means to pour your feelings onto paper. Writing opened many doors for me, even if just for 12 minutes. Being in a quiet place and given the time to write about my feelings helped me release emotions onto paper in a way that spoken words couldn't capture. Through this class, I expanded my writing and learned how to format and use words, rhymes, and other poetic devices to make a poem flow and sound genuine.
    My biggest inspiration for writing these poems comes from the experiences of my first year of college, which profoundly affected my mental state. These events blocked my mind, preventing me from thinking clearly. Writing became a therapeutic

method for me to pour out my feelings when I didn't know what else to do. Once I got the hang of it and allowed myself to write what I truly felt instead of just fulfilling a class requirement, the process became much easier.

I would use soothing music to open my mind, letting my thoughts wander fully and my hand write freely. Often, I would be surprised by what came out, as I would zone out during the process. But most of all, I was so proud of my work that I wanted to show it to my mom, a poet. She loved my poems and encouraged me to share them with others, which brings us to this collection you are now reading.

Poems

Lump in throat Anti-ode

Must you always appear when tough times come?
Squeezing my neck, stealing my breath away,
Trying to swallow, but I can't.
Anxiety and nerves claw up my throat, forming a lump,
Causing pain, consuming my soul.

Why must you torment me so?

Though it's been a hassle, you've taught me
Your presence is a sign to take things slow.
Calm, deep breaths, and in time, you fade.
It's a love-hate relationship.
You come when things go wrong, but you're also a reminder
To slow down, to prioritize my mental health.

What fun, fun times.

Subtext for "Lump in throat Anti-ode"

"Lump in Throat Anti-ode" delves into my experience living with hypothyroidism, a condition I've had for a long time. Although I have learned to adapt to it, and it generally doesn't cause me much trouble, it becomes a burden when I find myself stressed. In those moments, I feel a lump in my throat that stays there until my stress levels calm down. This poem highlights the physical and emotional challenges I faced during those anxious moments, serving as a reminder for me to prioritize my mental health.

My relationship with my hypothyroidism is one of love and hate; I recognize it as a source of distress but also as a crucial signal to slow down and focus on self-care. Recognizing these symptoms empowers me to take better care of myself and approach life's challenges with greater mindfulness and compassion.

Truth or Not

As I write to you with words of muse,
I cherish the times we laughed and cried,
Time slipped away, unnoticed, untried.
Words were spoken, and feelings hurt.

As to why I am writing, I cannot be sure.
Now, let's speak the truth,
I don't know who I'm writing to,
Just a feeling guiding me through.

This is what I feel at this moment,
Tired, sleep-deprived, and sad.
These are the reasons I keep moving forward,
As I write to you, these are the words of my muse.

Subtext for "Truth or Not"

When I wrote "Truth or Not," it was born out of a moment of boredom, driven by the necessity of a class assignment. The task was to write about something I felt while composing the poem without overthinking it. At that moment, I felt a strong urge to address someone with whom I had once shared a close relationship that ended abruptly. It felt genuine as I tried to understand their actions and motivations. As I navigated through my emotions, I realized these were important feelings to observe, guiding me to discern what is true and what is not. This spontaneous reflection allowed me to capture the essence of my emotional state, reminding me to stay attuned to my feelings and the truths they reveal.

I Remember

I remember her,
Holding me for security and comfort,
I remember the sound of her cries,
Words flowing out like they'd been trapped for ages,
I remember those true, sorrowful cries.

The sound of rain in the dead of night,

My tears streamed down my shirt,
Pitter-patter, mirroring our sobs,
Those sounds from within slipping through the cracks.

I remember the blue chair upstairs where we stood,
I remember how tightly she held on that night,
I remember her voice trembling, filled with fright,
She said, "It's okay; it's not your fault."

I remember saying to her,
"Though I may be far and not at home,
Dear mother, hear those sounds,
For you and I are bound by what can't be unbound."

Subtext for "I Remember"

"I Remember" is dedicated to my mom, my biggest supporter, and unwavering presence through every up and down. She has taught me so much, just as I have to her. As an only child, our close bond means my mom also looks to me for support and guidance. My time away at college often left my mom feeling alone while my dad was at work. She shared with me how she felt during those times, and I vividly remember the sadness that flowed from her. This poem captures those moments and emotions, expressing our deep connection and the impact of our separation. Through these words, I honor her strength and acknowledge the support we continuously offer each other.

Smell Of Rain

Rain is the thing we need –
That helps grow –
And sings without words indeed –
Throughout the night, it flows –

The earthy scent is noted –
With sounds that soothe and guide –
Yet it can turn to thunder –
And keep the restless wide –

I've heard it in the loudest lands –
And in the quiet unknowns – Yet –
Never – lost its fragrance,
It whispers, Where am I –

Subtext for "Smell of Rain"

I wrote "Smell of Rain" on a rainy day in my dorm at Chico University. The weather there is unpredictable, but it becomes my absolute favorite when it turns cold and the rainy season arrives. Rain is a beautiful phenomenon to me; its soothing sounds and the earthy smell give me immense peace. As I sat in my dorm, listening to the raindrops patter against the window, I felt inspired to capture the tranquility and profound comfort that rain always brings me. This poem is a reflection of my deep appreciation for rainy days and the sense of calm they instill in my otherwise hectic college life.

O Sweet Life

o sweet life
piles of the earth once disappeared
then
appeared

   feet pondering
awaiting for the discovery of who
stomped
and
ran

thee
has the mind of knowledge
in life and beyond

thou those answered

can have the answer to all

Subtext for "O Sweet Life"

"O Sweet Life" is an imitation poem I wrote in my poetry class as a writing exercise to unblock my ideas. This exercise, recommended for overcoming writer's block—a common challenge among poets—helped me tap into my creativity. I found a way to express my thoughts and emotions freely by mimicking the style of a renowned poet. This poem emerged from that process, allowing me to break through the barriers of writer's block and reconnect with my poetic voice.

Confusion

In the realm of thought, a playful charade,
Leading the curious to where answers fade.
A dance of bewilderment in the mind's deep expanse,
Where questions bloom freely in a teasing dance.

At times, a tempest stirs up the mind,
A whirlwind of thoughts, in a storm unconfined.
Yet, in its chaos lies a curious grace,
A push to explore, to new mental embrace.

It pokes and teases, this enigmatic spite,
Challenging perceptions in the absence of light.
Confusion, a guide on the quest to understand,
The ultimate force in the minds of those who withstand.

So, embrace the confusion; let it be your guide,
Through a maze of thoughts, where answers hide.
For in its intrusive dance lies the key,
To unlock the mysteries of what could be.

Subtext for "Confusion"

My intention for "Confusion" was to delve into the complex emotion of confusion, particularly stemming from a close relationship I was navigating at the time. In order to fully embrace and understand this emotion, I decided to personify it, treating confusion as if it were an individual with its own actions and motives. By doing so, I aimed to create a vivid and relatable depiction of what confusion feels like. To enhance this effect, I crafted the poem's setting with a touch of fantasy, making the emotions appear more distinct and impactful. Through this personification and imaginative scene, I sought to clarify and articulate the bewildering experience of confusion.

First Death

I knew little, and what I knew,
I did not believe - I didn't want to.
So many times I replay it in rewind,
She was suffering; I wanted to be there but couldn't.
Her mind, her heart, her pure soul,
I'm sorry, mi Nina, I'm sorry I couldn't be there.
My heart crushed at the first word of your end,
I wept so hard, a troublesome lump appeared.
Your fur, your eyes, your radiant happiness,
When home, I still feel that days and months go by,
I go back, and that feeling is not there.
As I write to you, tears fall like streams,
All they had said was true - didn't want it to be, though.
Soon, mi Nina, we'll see each other, in this or the next life.

Subtext for "First Death"

"First Death" is a deeply personal poem about experiencing the first significant loss in my life. I dedicated this poem to my sister, who, to some, might not seem like a big deal because she was my childhood dog. Leaving her when I went to college was incredibly hard, as we'd been together since I was six. She was not only a companion; she was truly a part of the family, the baby I adored.

My parents had informed me that she wasn't feeling well and seemed sluggish, so I urged my mom to get her checked out. They told me she was staying overnight at the clinic for fluids, but in reality, her condition was critical. Had I known the severity of her condition, I would have been devastated. They withheld the fact that she was barely holding on to life, thinking it would be too hard for me to bear alone.

When my parents visited me at Chico, they sat me down and revealed the truth. I knew instantly what they meant, and I completely broke down. Initially, I was angry that they hadn't told me the day she passed, but I eventually understood their reasoning. They didn't want me to grieve alone, far from home, and thought it best to tell me in person.

Now, I appreciate their decision, knowing that dealing with such a loss alone would have been unbearable. This poem captures my journey through the pain, anger, and eventual understanding of my parents' difficult choice, reflecting the deep love and connection I had with my sister.

Letter to Lost from Found Again

Dear Dead Flame,

    And so we meet again in the communications class. When we met to study at the library, I remember you stayed behind after everyone else. I had already decided I was going to stay once it was over, not because of you but because I wanted to continue studying. The reason you stayed, I had no clue why. I remember the small silence that filled the room when everyone left. I broke that silence with small talk since you were still there, without thinking much of it.
    The chit-chat flowed smoothly. We talked about the project, and I even caught you taking glances at me. You complimented my jacket. Then, like everyone else, we went our separate ways with a small wave. A new beginning was about to erupt in my life without my knowledge. But you knew what you were doing, right? Were you finding the perfect opportunity? I wonder about that sometimes.
    Dear Dead Flame, you came at a very random time in my life. You remind me of my favorite beach from back home, Coyote Point. Looking into the depths of water, it's as if you're out of my reach, yet close. The longing for your presence is one I crave but poison to the touch. I remember our last time together was a new day, but you acted more distant. I didn't think much of it until I got home and got that text. That day, I knew what I was feeling was right. I know there was another side you didn't want to show. I think that's for the best. I thought I truly knew you throughout this time. Sweet words of affirmation and loving caresses were nice while they lasted, but I knew it wasn't going to be for long.
    Do I regret allowing you into my life? No, I don't. But the fact that you couldn't tell me in person how you felt says a lot about your character. I understand you were going through dif-

ficult times, yet your indifference broke me. Now, I know things happen for a reason, and for that, I say my final goodbye.

On a rainy evening at Coyote Point,

Yours sincerely,

Celina Camacho Mayo

Subtext of "Letter to Lost From Found Again"

I wrote this letter about my first boyfriend. I met him in my first year of college, and it happened completely out of nowhere. This guy appeared in my life so randomly. But unfortunately, the relationship ended, and it wasn't my choice. I was left dumbfounded and hurt, so I wrote this letter to let off some steam. This letter captures the surprise and pain I felt when everything ended abruptly. We had shared special moments, and I had grown accustomed to his presence in my life. Writing about our relationship and its unexpected end was a way to process my feelings and try to understand what had happened. Through this letter, I sought to make sense of my emotions and find a way to move forward, leaving behind the confusion and hurt.

Spanish Version

PERDIDA Y ENCONTRADA OTRA VEZ

Celina Camacho Mayo

PERDIDA Y ENCONTRADA OTRA VEZ

CELINA CAMACHO MAYO

A mi Nina y a mi Mamá.

Prefacio

Si soy honesta, nunca habría pensado que sería capaz de escribir un poema. Siempre me había considerado una buena escritora cuando se trataba de ensayos, especialmente aquellos con contexto y evidencia, como analizar un libro para una clase. Sin embargo, la idea de escribir un poema libremente me parecía una locura porque nunca me vi como una persona muy expresiva con las palabras. A pesar de todo, tomé una clase de poesía en la universidad, que al principio me pareció poco interesante porque no era algo que encontrara divertido o entretenido.

Con el tiempo y poco a poco, me fui sumergiendo en la clase y aprendí lo que realmente significa plasmar tus sentimientos en el papel. Escribir aunque sea solo por 12 minutos diarios me abrió muchas puertas. Estar en un lugar tranquilo y tener el tiempo para escribir sobre mis sentimientos me ayudó a liberar emociones en el papel de una manera que las palabras habladas no podían captar. A través de esta clase, amplié mi escritura y aprendí a formatear y usar palabras, rimas y otros recursos poéticos para hacer que un poema fluya y suene genuino.

Mi mayor inspiración para escribir estos poemas proviene de las experiencias de mi primer año de universidad, que afectaron profundamente mi estado mental. Estos eventos bloquearon mi mente, impidiéndome pensar con claridad. Escribir se convirtió en un método terapéutico para mí, para expresar mis sentimientos cuando no sabía qué más hacer. Una vez que me acostumbré y me permití escribir lo que realmente sentía en vez de solo cumplir con un requisito de clase, el proceso se volvió mucho más fácil.

Cuando escribía, a menudo me sorprendía lo que salía, ya que me desconectaba del mundo real durante el proceso. Usaba música relajante para abrir mi mente, dejando que mis pensamientos vagaran y mi mano escribiera libremente. Pero, sobre todo, estaba tan orgullosa de mi trabajo que quería mostrárselo a mi mamá, una poeta. Ella amó mis poemas y me animó a compartirlos con ustedes, lo que nos lleva a esta colección que ahora estás leyendo.

Poemas

Nudo en la Garganta Anti-oda

¿Siempre tienes que aparecer cuando
los tiempos se ponen difíciles?
Aprietas mi cuello
Como si intentaras dejarme sin aliento,
Formas un nudo en mi garganta,
Intento respirar, pero no puedo.
La ansiedad y los nervios suben por mi cuello,
Causando dolor y consumiendo mi cuerpo.

¿Por qué debes atormentarme así?

Aunque has sido una molestia, me has enseñado
Que tu presencia es señal para tomar las cosas con calma.
Con respiraciones profundas, eventualmente desapareces.
Tenemos una relación de amor y odio.
Apareces cuando las cosas van mal,
Pero también me recuerdas
Que debo frenar y priorizar mi salud mental.

Qué tiempos tan divertidos.

Subtexto de "Nudo en la Garganta Anti-oda"

"Nudo en la Garganta Anti-oda" se adentra en mi experiencia viviendo con hipotiroidismo, una condición que he tenido durante mucho tiempo. Aunque he aprendido a adaptarme a ella y generalmente no me causa muchos problemas, se convierte en una carga cuando me encuentro estresada. En esos momentos, siento un nudo en la garganta que permanece allí hasta que mis niveles de estrés se calman. Este poema destaca los desafíos físicos y emocionales que enfrento durante esos momentos de ansiedad, sirviendo como un recordatorio de la importancia de priorizar mi salud mental.

La relación que tengo con mi hipotiroidismo es de amor y odio; reconozco que es una fuente de angustia, pero también una señal crucial para detenerme y enfocarme en el autocuidado. Reconocer estos síntomas me empodera para cuidarme mejor y enfrentar los desafíos de la vida con mayor atención y compasión.

Verdad o No

Mientras te escribo con palabras de musa,
Aprecio los momentos en que reímos y lloramos,
El tiempo que se nos fue, desapercibido se esfumó.
Se dijeron palabras y se hirieron sentimientos.

En cuanto a por qué escribo, no estoy segura.
Ahora, hablaré con la verdad,
No sé a quién estoy escribiendo,
Solo hay un sentimiento que me guía.

Esto es lo que siento en este momento,
Cansada, privada de sueño y triste.
Estas son las razones por las que sigo adelante,
Mientras te escribo, estas son las palabras de mi musa.

Subtexto de "Verdad o No"

Cuando escribí "Verdad o No," nació de un momento de aburrimiento, impulsado por la necesidad de una tarea de clase. La tarea era escribir sobre algo que sentía mientras componía el poema sin pensarlo demasiado. En ese momento, sentí una fuerte necesidad de dirigirme a alguien con quien había compartido una relación cercana que terminó abruptamente. Se sintió genuino mientras intentaba comprender sus acciones y motivaciones. A medida que navegaba por mis emociones, me di cuenta de que eran sentimientos importantes que observar, guiándome a discernir lo que es verdad y lo que no. Esta reflexión espontánea me permitió capturar la esencia de mi estado emocional, recordándome estar en sintonía con mis sentimientos y las verdades que estos revelan.

Recuerdo

La recuerdo,
Abrazándome por seguridad y consuelo,
Recuerdo el sonido de sus llantos,
Palabras fluyendo como si hubieran
Estado atrapadas por siglos,
Recuerdo esos verdaderos, tristes llantos.

El sonido de la lluvia en la oscuridad de la noche,
Mis lágrimas que corrían por mi camisa,
El golpeteo, reflejando nuestros sollozos,
Esos sonidos desde dentro deslizándose por las grietas.

Recuerdo la silla azul, allá arriba donde estábamos,
Recuerdo lo fuerte que me abrazó esa noche,
Recuerdo su voz temblorosa, llena de miedo,
Ella dijo, "Está bien; no es tu culpa."

Recuerdo haberle dicho,
"Aunque esté lejos de casa,
Querida madre, escucha esos sonidos,
Porque tú y yo estamos unidas por
Lo que no puede desatarse."

Subtexto de "Recuerdo"

"Recuerdo" está dedicado a mi mamá, mi mayor apoyo y presencia constante en todos los altibajos. Ella me ha enseñado mucho, al igual que yo a ella. Como hija única, nuestro vínculo cercano significa que mi mamá también busca en mí apoyo y guía. Mi tiempo lejos en la universidad a menudo dejaba a mi mamá sintiéndose sola mientras mi papá estaba en el trabajo. Ella me compartió cómo se sentía durante esos momentos, y recuerdo vívidamente la tristeza que emanaba de ella. Este poema captura esos momentos y emociones, expresando nuestra profunda conexión y el impacto de nuestra separación. A través de estas palabras, honro su fortaleza y reconozco el apoyo que continuamente nos ofrecemos mutuamente.

Olor a Lluvia

La lluvia es lo que necesitamos –
Que ayuda a crecer –
Y canta sin palabras, de hecho –
A lo largo de la noche, fluye –

El aroma a tierra es notado –
Con sonidos que calman y guían –
Sin embargo, puede convertirse en trueno –
Y mantener despiertos a los inquietos –

La he escuchado en las tierras más ruidosas –
Y en los silencios desconocidos –
Aun así – Nunca – perdió su fragancia,
Susurra, ¿Dónde estoy? –

Subtexto de " Olor a Lluvia"

Escribí "Olor a Lluvia" en un día lluvioso en mi dormitorio en la Universidad de Chico. El clima ahí es impredecible, pero se convierte en mi favorito absoluto cuando llega la temporada de lluvias y el frío. La lluvia es un fenómeno hermoso para mí; sus sonidos relajantes y el olor a tierra me brindan una paz inmensa. Mientras estaba sentada en mi dormitorio, escuchando las gotas de lluvia golpear contra la ventana, me sentí inspirada a capturar la tranquilidad y el profundo confort que la lluvia siempre me trae. Este poema es una reflexión de mi profunda apreciación por los días lluviosos y la sensación de calma que infunden en mi ajetreada vida universitaria.

Oh, Dulce Vida

Oh, dulce vida
montones de la tierra una vez desaparecieron
luego
aparecieron
 pies meditando
esperando el descubrimiento de quién
pisó fuerte

y
corrió
tú
tienes la mente del conocimiento
en la vida y más allá

quienes respondieron

pueden tener la respuesta a todo

Subtexto de "Oh, Dulce Vida"

"Oh, Dulce Vida" es un poema de imitación que escribí en mi clase de poesía como ejercicio para desbloquear mis ideas. Este ejercicio, recomendado para superar el bloqueo de escritor—un desafío común entre los poetas—me ayudó a conectar con mi creatividad. Al imitar el estilo de una poeta renombrada, encontré una manera de expresar mis pensamientos y emociones libremente. Este poema surgió de ese proceso, permitiéndome romper las barreras del bloqueo de escritor y reconectar con mi voz poética.

Confusión

En el reino del pensamiento, una charada juguetona,
Llevando a los curiosos a donde las respuestas se desvanecen.
Un baile de desconcierto en la vasta mente,
Donde las preguntas florecen libremente
En una danza provocativa.

A veces, una tempestad agita la mente,
Un torbellino de pensamientos, en una tormenta sin límites.
Sin embargo, en su caos yace una gracia curiosa,
Un impulso para explorar, para un nuevo abrazo mental.

Pincha y provoca, esta enigmática malicia,
Desafiando percepciones en la ausencia de luz.
Confusión, una guía en la búsqueda de entender,
La fuerza suprema en las mentes de quienes resisten.

Así que, abraza la confusión; deja que sea tu guía,
A través de un laberinto de pensamientos,
Donde las respuestas se esconden.
Porque en su intrusiva danza yace la clave,
Para desbloquear los misterios de lo que podría ser.

Subtexto de "Confusión"

Mi intención con "Confusión" era adentrarme en la compleja emoción de la confusión, particularmente derivada de una relación cercana que estaba navegando en ese momento. Para aceptar y entender completamente esta emoción, decidí personificarla, tratando la confusión como si fuera un individuo con sus propias acciones y motivos. Al hacerlo, pretendía crear una representación vívida y relatable de lo que se siente estar confundida. Para realzar este efecto, creé el escenario del poema con un toque de fantasía, haciendo que las emociones parecieran más distintas e impactantes. A través de esta personificación y escena imaginativa, busqué clarificar y articular la desconcertante experiencia de la confusión.

Primera Muerte

Sabía poco, y lo que sabía,
No lo creía - no quería.
Muchas veces lo repito en mi mente,
Ella estaba sufriendo; quería estar allí, pero no podía.
Su mente, su corazón, su alma pura,
Lo siento, mi Nina, lo siento por no poder estar allí.
Mi corazón se rompió con la primera noticia de tu final,
Lloré tanto, que apareció un nudo molesto.
Tu pelaje, tus ojos, tu radiante felicidad,
Cuando estoy en casa, todavía siento
Que los días y meses pasan,
Vuelvo, y esa sensación no está allí.
Mientras te escribo, las lágrimas caen como ríos,
Todo lo que habían dicho era verdad
- Aunque no quería que lo fuera.
Pronto, mi Nina, nos veremos,
En esta o en la próxima vida.

Subtexto de "Primera Muerte"

"Primera Muerte" es un poema profundamente personal sobre experimentar la primera pérdida significativa en mi vida. Dediqué este poema a mi hermana, que para algunos podría no parecer un gran problema porque era mi mascota de la infancia. Dejarla cuando me fui a la universidad fue increíblemente difícil, ya que habíamos estado juntas desde que tenía seis años. Ella no solo era una compañera; verdaderamente era parte de la familia, la bebé a la que adoraba.

Mis padres me informaron que no se sentía bien y parecía letárgica, así que insté a mi mamá a llevarla al veterinario. Me dijeron que se quedaría en la clínica para recibir fluidos, pero en realidad, su condición era crítica. Si hubiera sabido la gravedad de su estado, habría estado devastada. Ocultaron el hecho de que apenas se aferraba a la vida, pensando que sería demasiado difícil para mí soportarlo sola.

Cuando mis padres me visitaron en Chico, me sentaron y me revelaron la verdad. Supe instantáneamente lo que querían decir, y me derrumbé por completo. Al principio, estaba enojada porque no me lo habían dicho el día que falleció, pero eventualmente entendí su razonamiento. No querían que sufriera sola, lejos de casa, y pensaron que era mejor decírmelo en persona.

Ahora, aprecio su decisión, sabiendo que enfrentar una pérdida así sola habría sido insoportable. Este poema captura mi viaje a través del dolor, la ira y la eventual comprensión de la difícil elección de mis padres, reflejando el profundo amor y conexión que tenía con mi hermana.

Carta al Perdido de Parte de la Encontrada

Querido Fuego Extinto,

Así, una vez más, nos encontramos en la clase de comunicaciones. Cuando nos reunimos para estudiar en la biblioteca, recuerdo claramente cómo te quedaste después de que todos se hubieran marchado. Ya había decidido permanecer ahí una vez terminada la sesión, no por ti, sino por mi deseo de continuar estudiando. La razón por la que te quedaste, no la comprendía entonces. Recuerdo el pequeño silencio que inundó la sala al irse todos. Sin pensarlo demasiado, rompí ese silencio con una charla casual, ya que aún estabas ahí.

La charla fluyó sin problemas. Conversamos sobre el proyecto, e incluso te sorprendí echándome miradas. Complementaste mi vestuario, y luego, como todos los demás, nos separamos con un pequeño saludo. Un nuevo comienzo estaba a punto de irrumpir en mi vida sin que yo lo supiera. Pero tú sabías lo que estabas haciendo, ¿verdad? A veces me pregunto eso.

Querido Fuego Extinto, llegaste en un momento tan aleatorio en mi vida. Me recuerdas a mi playa favorita de casa, Coyote Point. Al contemplar las profundidades del agua, es como si estuvieras cerca, pero fuera de mi alcance. El anhelo por tu presencia es algo que ansío, pero resulta ser veneno al tacto. Recuerdo que la última vez que estuvimos juntos fue un nuevo día, pero actuaste de manera distante. No le di mucha importancia hasta que llegué a casa y recibí tu último mensaje. Ese día, supe que lo que estaba sintiendo era correcto. Sé que había un lado de ti que no querías mostrar. Creo que es lo mejor. Durante todo este tiempo, pensé que realmente te conocía. Las dulces palabras de afirmación y las caricias amorosas fueron agradables mientras duraron, pero sabía que no iba a ser por mucho tiempo.

¿Me arrepiento de haberte permitido entrar en mi vida? No, no me arrepiento. Pero la forma en que no pudiste decirme lo que sentías en persona me dice mucho sobre tu carácter. Entiendo que estabas pasando por momentos difíciles, aun así, tu indiferencia me quebró. Ahora sé que las cosas suceden por una razón, y por eso, digo mi último adiós.

En una noche lluviosa en Coyote Point,

Atentamente,

Celina Camacho Mayo

Subtexto de "Carta al Perdido de Parte de la Encontrada"

Escribí esta carta sobre mi primer novio. Lo conocí en mi primer año de universidad, y ocurrió de manera completamente inesperada. Este chico apareció en mi vida de forma tan aleatoria. Pero, lamentablemente, la relación terminó, y no fue por mi elección. Me quedé perpleja y dolida, así que escribí esta carta para desahogarme.

Esta carta captura la sorpresa y el dolor que sentí cuando todo terminó abruptamente. Habíamos compartido momentos especiales y me había acostumbrado a su presencia en mi vida. Escribir sobre nuestra relación y su inesperado final fue una manera de procesar mis sentimientos y tratar de entender lo que había sucedido. A través de esta carta, busqué darle sentido a mis emociones y encontrar una manera de seguir adelante, dejando atrás la confusión y el dolor.

Perdida y Encontrada Otra vez

"Perdida y Encontrada Otra Vez" de Celina Camacho Mayo es una colección de poemas que navega por el intrincado laberinto de las emociones y experiencias humanas. A través de imágenes vívidas y conmovedores versos, Camacho profundiza en temas de amor, pérdida y autodescubrimiento, ofreciendo a los lectores un vistazo a los momentos íntimos que dan forma a nuestras vidas.

Escritos durante un período transformador en su vida, estos poemas encapsulan el viaje de encontrarse a sí misma en medio del caos de los giros y vueltas impredecibles de la vida. La elocuente expresión de Camacho de su mundo interior invita a los lectores a embarcarse en sus propios viajes de introspección y sanación.

Cada poema en esta colección sirve como un faro de reflexión y resiliencia, capturando la esencia de los altibajos de la vida. Desde las tiernas reminiscencias de la infancia hasta el profundo impacto de las relaciones personales, la escritura de Camacho es tanto profundamente personal como universalmente relatable.

"Perdida y Encontrada Otra Vez " no es solo un libro de poesía; es un testimonio del espíritu humano perdurable y del poder de las palabras para iluminar nuestro camino. Ya sea que busques consuelo, inspiración o una conexión con la experiencia humana compartida, esta colección resonará con tu corazón y alma.

Made in the USA
Columbia, SC
06 August 2024